Impressum
Verlag: BABADADA GmbH, Nedderfeld 112 , 22529 Hamburg
Geschäftsführer / Verlagsleitung: Harald Hof
Druck: Books on Demand GmbH, In de Tarpen 42, 22848 Norderstedt

Imprint
Publisher: BABADADA GmbH, Nedderfeld 112 , 22529 Hamburg, Germany
Managing Director / Publishing direction: Harald Hof
Print: Books on Demand GmbH, In de Tarpen 42, 22848 Norderstedt, Germany

школа

kool

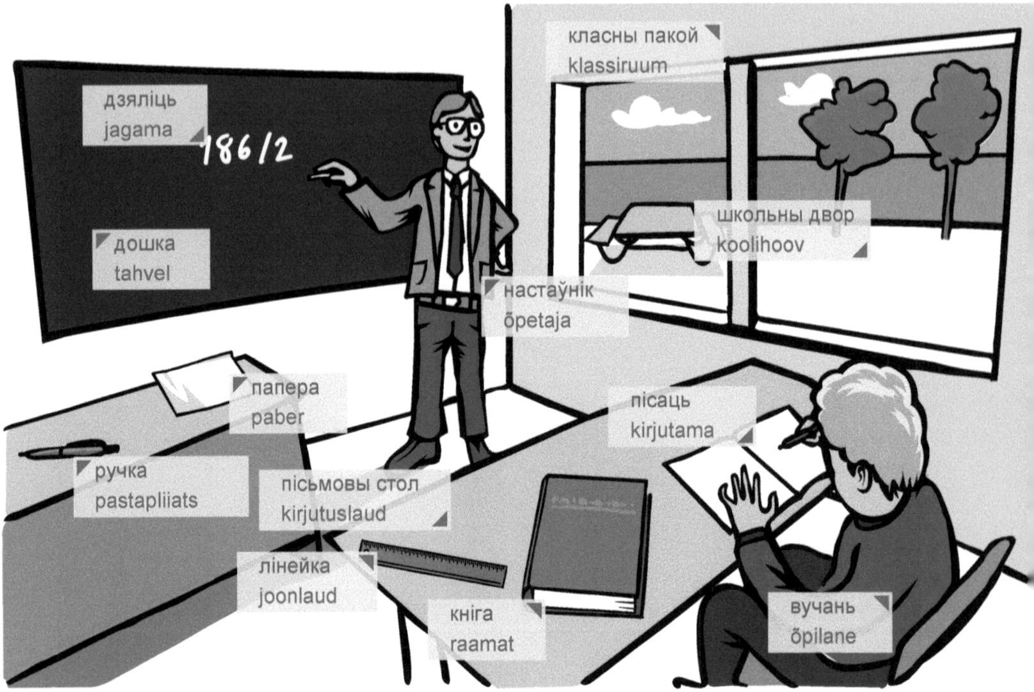
класны пакой
klassiruum
дзяліць
jagama
186/2
дошка
tahvel
школьны двор
koolihoov
настаўнік
õpetaja
папера
paber
пісаць
kirjutama
ручка
pastapliiats
пісьмовы стол
kirjutuslaud
лінейка
joonlaud
кніга
raamat
вучань
õpilane

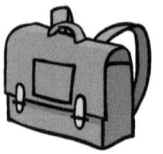

ранец

koolikott

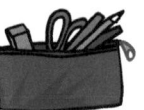

пенал

pinal

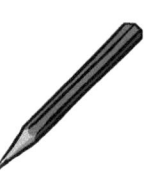

просты аловак

harilik pliiats

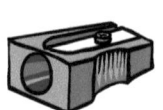

тачылка для алоўкаў

pliiatsiteritaja

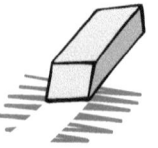

гумка

kustukumm

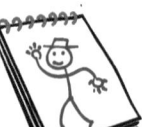

альбом для малявання

joonistusplokk

малюнак

joonistus

пэндзлік

pintsel

фарбы

värvikarp

нажніцы

käärid

клей

liim

сшытак

töövihik

хатняе заданне

kodutöö

12

лік

number

2+2

дадаваць

liitma

5-2

адымаць

lahutama

2×2

множыць

korrutama

лічыць

arvutama

A

літара

täht

ABCDEFG HIJKLMN OPQRSTU VWXYZ

алфавіт

tähestik

слова

sõna

тэкст

tekst

чытаць

lugema

крэйда

kriit

ўрок

koolitund

класны журнал

klassipäevik

экзамен

eksam

атэстат

tunnistus

школьная форма

koolivorm

адукацыя

haridus

энцыклапедыя

entsüklopeedia

універсітэт

ülikool

мікраскоп

mikroskoop

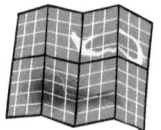

карта

kaart

смеццевы кошык

paberikorv

падарожжа
reisimine

гатэль
hotell
Grand
хостэл
hostel
ROOMS
абменны пункт
valuutavahetuspunkt
EXCHANGE
чамадан
kohver
аўтамабіль
auto

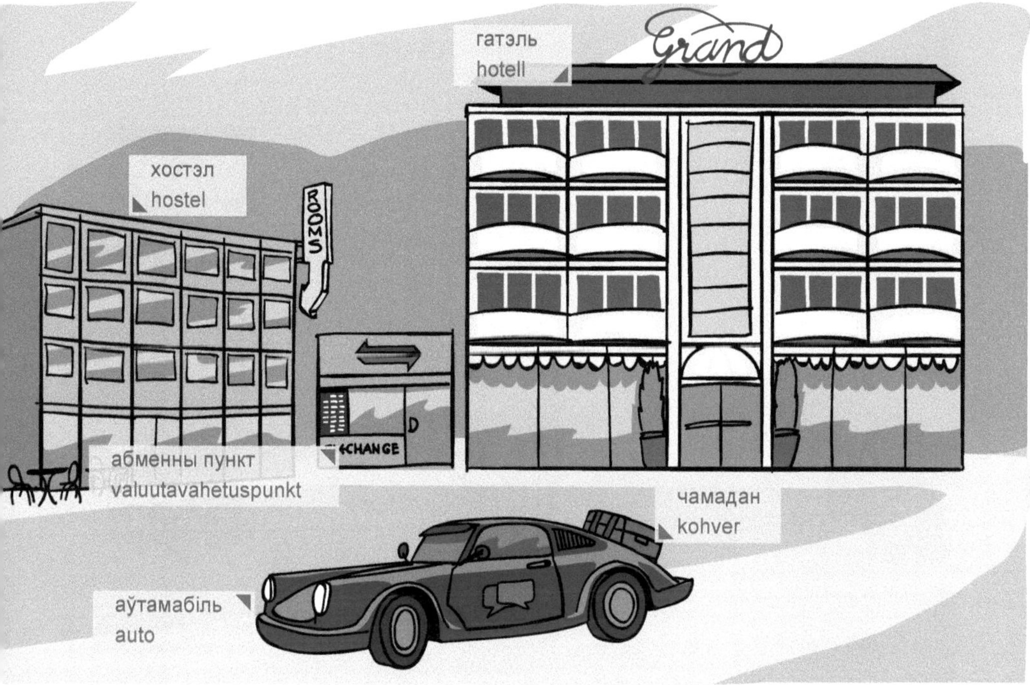

мова

keel

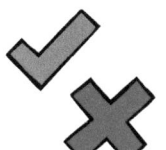

так / не

jah / ei

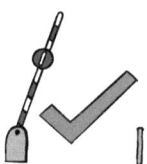

добра

okei

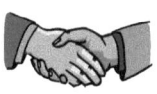

прывітанне!

Tere!

перакладчык

tõlk

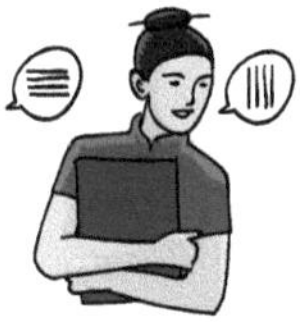

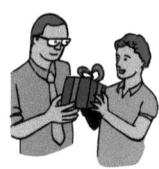

дзякуй

Aitäh!

Колькі каштуе....?

Kui palju maksab ...?

я не разумею

Ma ei saa aru

праблема

probleem

Добры вечар!

Tere õhtust!

Добрай раніцы!

Tere hommikust!

Дабранач!

Head ööd!

да пабачэння

Head aega!

кірунак

suund

багаж

pagas

сумка

kott

заплечнік

seljakott

госць

külaline

пакой

tuba

спальны мяшок

magamiskott

палатка

telk

інфармацыя для турыстаў

turismiinfo

пляж

rand

крэдытная картка

krediitkaart

снеданне

hommikusöök

абед

lõunasöök

вячэра

õhtusöök

праязны білет

pilet

ліфт

lift

паштовая марка

postmark

мяжа

riigipiir

мытня

toll

пасольства

saatkond

віза

viisa

пашпарт

pass

транспарт
transport

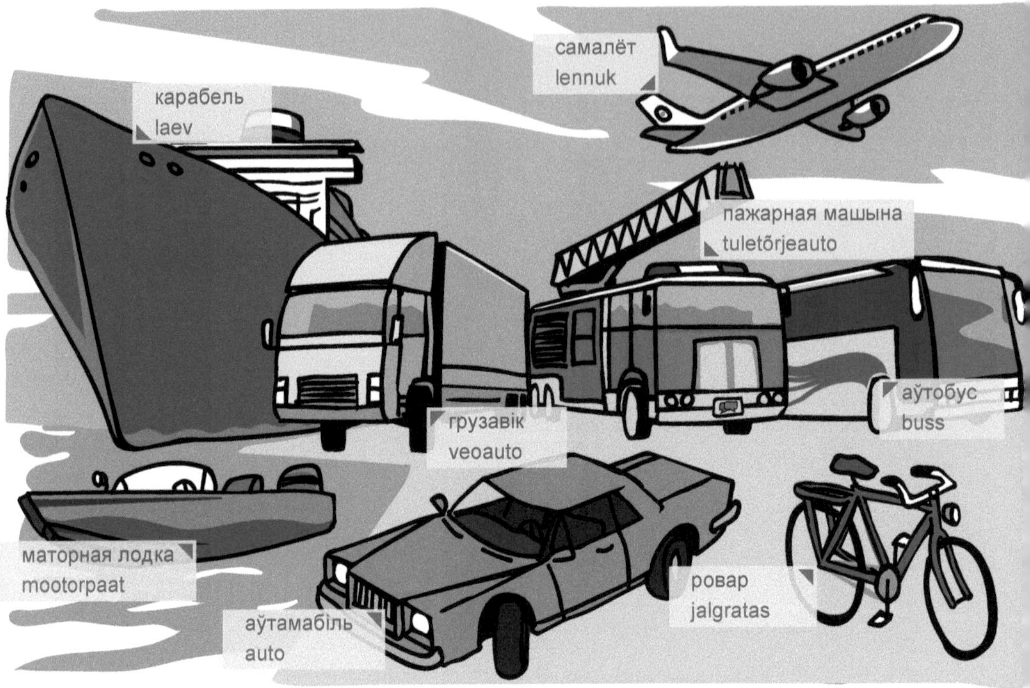
самалёт
lennuk
карабель
laev
пажарная машына
tuletõrjeauto
аўтобус
buss
грузавік
veoauto
маторная лодка
mootorpaat
ровар
jalgratas
аўтамабіль
auto

паром
praam

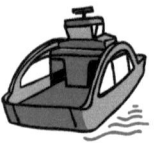

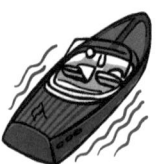

лодка
paat

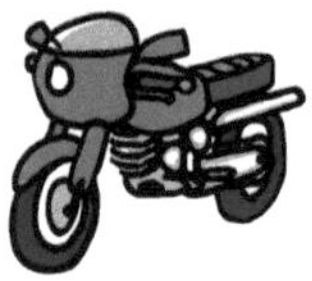

матацыкл
mootorratas

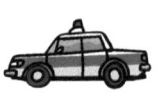

паліцэйская машына
politseiauto

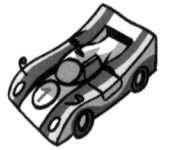

гоначны аўтамабіль
võidusõiduauto

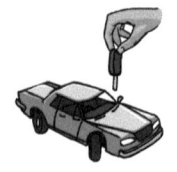

арэндаваны аўтамабіль
rendiauto

сумеснае карыстанне аўтамабілем

ühisauto

эвакуатар

puksiirauto

смеццявоз

prügiauto

матор

mootor

паліва

kütus

запраўка

tankla

дарожны знак

liiklusmärk

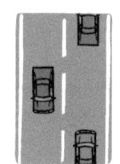

дарожны рух

liiklus

затор

liiklusummik

паркоўка

parkla

чыгуначная станцыя

raudteejaam

рэйкі

rööpad

цягнік

rong

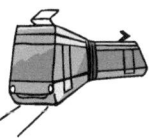

трамвай

tramm

вагон

vagun

верталёт

helikopter

аэрапорт

lennujaam

вежа

torn

пасажыр

reisija

кантэйнер

konteiner

кардонная скрыня

pappkast

тачка

käru

карзіна

korv

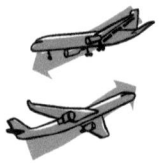

ўзлятаць / прызямляцца

õhku tõusma / maanduma

горад

linn

вёска

küla

цэнтр горада

kesklinn

дом

maja

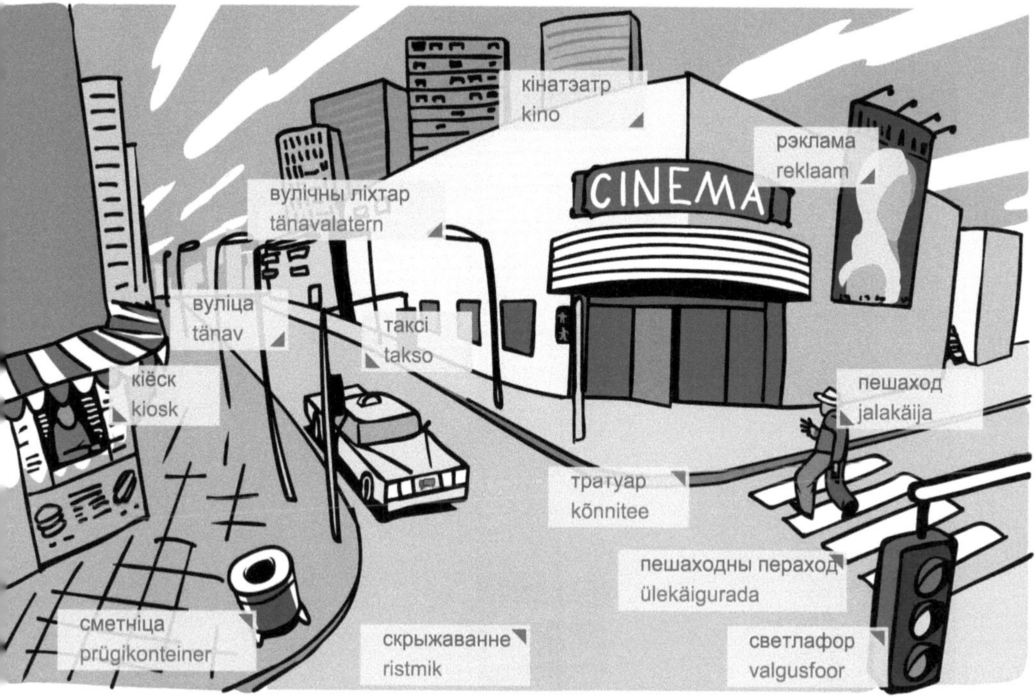

кінатэатр
kino

рэклама
reklaam

вулічны ліхтар
tänavalatern

вуліца
tänav

таксі
takso

кіёск
kiosk

пешаход
jalakäija

тратуар
kõnnitee

пешаходны пераход
ülekäigurada

сметніца
prügikonteiner

скрыжаванне
ristmik

светлафор
valgusfoor

CINEMA

халупа
osmik

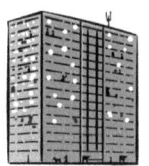

кватэра
kortermaja

чыгуначная станцыя
raudteejaam

ратуша
raekoda

музей
muuseum

MUUSEUM

школа
kool

універсітэт

ülikool

банк

pank

шпіталь

haigla

гатэль

hotell

аптэка

apteek

офіс

kontor

кнігарня

raamatupood

крама

kauplus

кветкавая крама

lillepood

супермаркет

supermarket

кірмаш

turg

універмаг

kaubamaja

рыбная крама

kalapood

гандлевы цэнтр

kaubanduskeskus

порт

sadam

парк
park

лава
pink

мост
sild

лесвіца
trepp

метро
metroo

тунэль
tunnel

прыпынак
bussipeatus

бар
baar

рэстаран
restoran

паштовая скрыня
postkast

вулічны паказальнік
tänavasilt

паркамат
parkimisautomaat

заапарк
loomaaed

басейн
ujula

мячэць
mošee

сядзіба
talu

забруджванне
навакольнага асяроддзя
reostus

могілкі
surnuaed

царква
kirik

пляцоўка для гульні
mänguväljak

храм
tempel

краявід

maastik

ліст
leht

паказальнік
teeviit

дарога
tee

луг
aas

камень
kivi

дрэва
puu

падарожнік
matkaja

рака
jõgi

трава
rohi

кветка
lill

даліна
org

гара
mägi

возера
järv

лес
mets

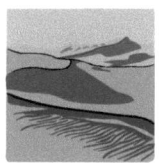

пустыня
kõrb

вулкан
vulkaan

замак
linnus

вясёлка
vikerkaar

грыб
seen

пальма
palm

камар
sääsk

муха
kärbes

мурашка
sipelgas

пчала
mesilane

павук
ämblik

жук

mardikas

жаба

konn

вавёрка

orav

вожык

siil

заяц

jänes

сава

öökull

птушка

lind

лебедзь

luik

дзік

metssiga

алень

hirv

лось

põder

плаціна

pais

вятрак

tuuleturbiin

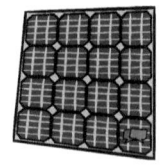

сонечная батарэя

päikesepaneel

клімат

kliima

рэстаран
restoran

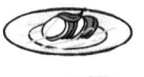

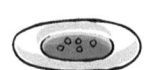

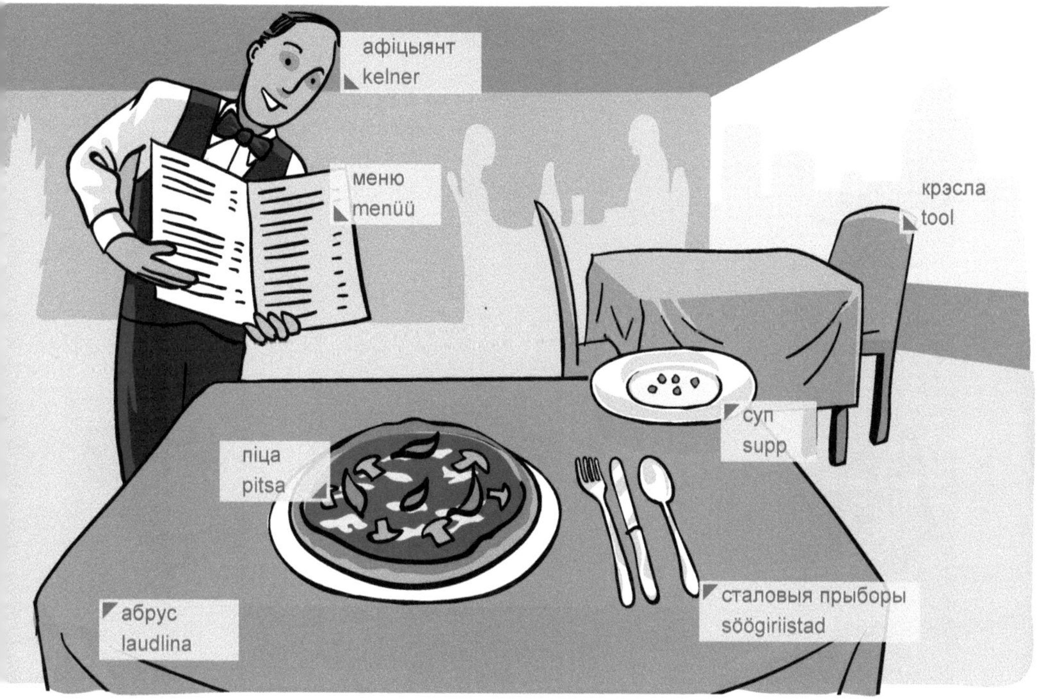
афіцыянт
kelner
меню
menüü
крэсла
tool
суп
supp
піца
pitsa
сталовыя прыборы
söögiriistad
абрус
laudlina

закуска

eelroog

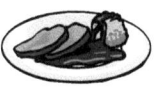

другая страва

pearoog

дэсерт

magustoit

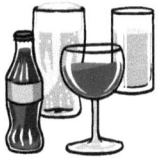

напоі

joogid

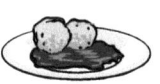

ежа

toit

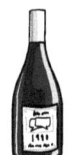

бутэлька

pudel

хуткае харчаванне (фаст-фуд)

kiirtoit

стрыт-фуд

tänavatoit

імбрык (чайнік)

teekann

цукарніца

suhkrutoos

порцыя

portsjon

эспрэса-машына

espressomasin

дзіцячае крэселка

lastetool

рахунак

arve

паднос

kandik

нож

nuga

відэлец

kahvel

лыжка

lusikas

чайная лыжка

teelusikas

сурвэтка

salvrätik

шклянка

klaas

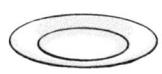

талерка

taldrik

супавая талерка

supitaldrik

сподак

alustass

соус

kaste

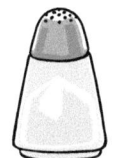

сальніца

soolatoos

млынок для перцу

pipraveski

воцат

äädikas

алей

õli

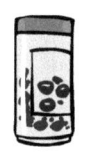

спецыі

vürtsid

кетчуп

ketšup

гарчыца

sinep

маянэз

majonees

супермаркет
supermarket

акцыя
eripakkumine
FOR
пакупнік
klient
малочныя прадукты
piimatooted
садавіна
puuviljad
вазок
ostukäru

BUTCHERS

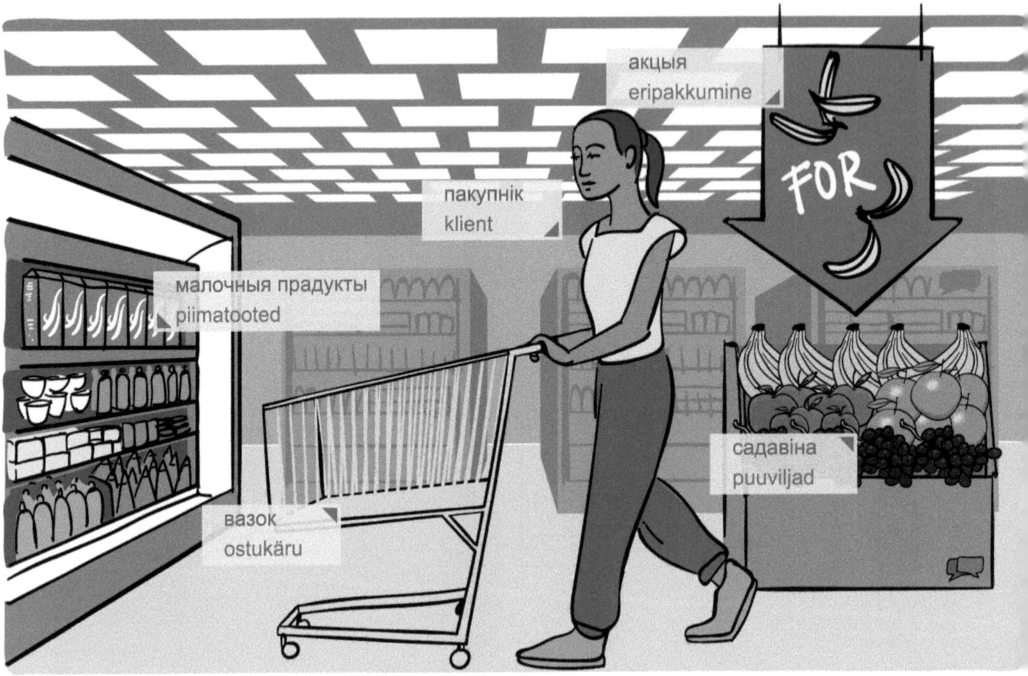

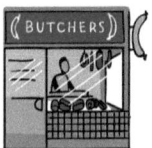

мясная крама

lihapood

BAKERY

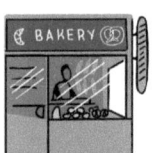

хлебны магазін

pagariäri

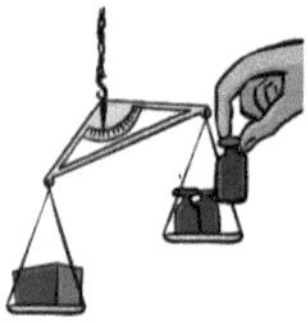

важыць

kaaluma

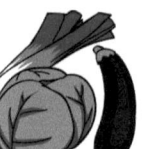

гароднiна

köögiviljad

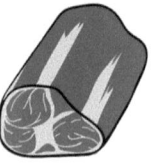

мяса

liha

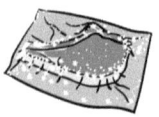

свежазамарожаныя прадукты

külmutatud toit

нарэзка

lihalõigud

кансервы

konservid

пральны парашок

pesupulber

прысмакі

maiustused

хатнія прылады

majatarbed

чысцячы сродак

puhastustooted

прадавец

müüja

каса

kassaaparaat

касір

kassapidaja

спіс пакупак

ostunimekiri

гадзіны працы

lahtiolekuajad

бумажнік

rahakott

крэдытная картка

krediitkaart

сумка

kott

пакет

kilekott

вада

vesi

сок

mahl

малако

piim

кола

koola

віно

vein

піва

õlu

алкаголь

alkohol

какава

kakao

гарбата (чай)

tee

кава

kohv

эспрэса

espresso

капучына

cappuccino

банан

banaan

яблык

õun

апельсін

apelsin

дыня

arbuus

лімон

sidrun

морква

porgand

часнок

küüslauk

бамбук

bambus

цыбуля

sibul

грыб

seen

арэхі

pähklid

локшына

nuudlid

спагеці

spagetid

рыс

riis

салата

salat

бульба фры

friikartulid

смажаная бульба

praekartulid

піца

pitsa

гамбургер

hamburger

бутэрброд

võileib

шніцаль

šnitsel

вяндліна

sink

салямі

salaami

каўбаса

vorst

курыца

kana

смажаніна

praeliha

рыбак

kala

аўсяныя камякі

kaerahelbed

мюслі

müsli

кукурузныя шматкі

maisihelbed

мука

jahu

круасан

sarvesai

булачка

kukkel

хлеб

leib

тост

röstsai

пячэнне

küpsised

масла

või

тварог

kohupiim

пірог

kook

яйка

muna

яечня

praemuna

сыр

juust

марожанае

jäätis

цукар

suhkur

мёд

mesi

варэнне

moos

нуга

pähklivõie

кары

karri

сядзіба

talu

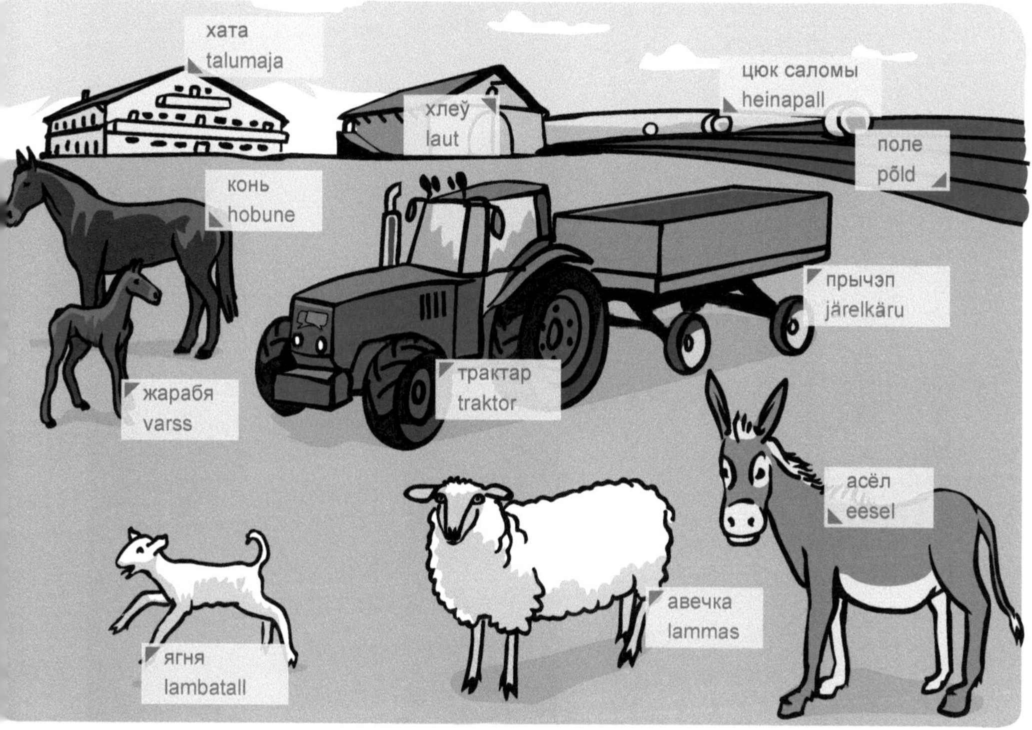
хата
talumaja
хлеў
laut
цюк саломы
heinapall
поле
põld
конь
hobune
прычэп
järelkäru
трактар
traktor
жарабя
varss
асёл
eesel
авечка
lammas
ягня
lambatall

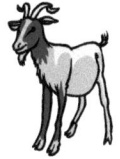

каза

kits

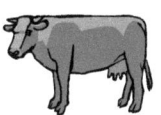

карова

lehm

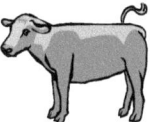

цяля

vasikas

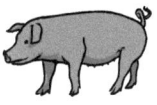

свіння

siga

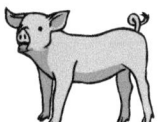

парася

põrsas

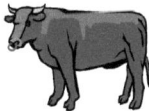

бык

pull

гусак
hani

качка
part

кураня
tibu

курыца
kana

певень
kukk

пацук
rott

кот
kass

мыш
hiir

вол
härg

сабака
koer

сабачая будка
koerakuut

садовы шланг
aiavoolik

палівачка
kastekann

каса
vikat

плуг
ader

серп
sirp

матыка
kõblas

вілы для гною
hang

сякера
kirves

тачка
käru

карыта
küna

бітон для малака
piimanõu

мех
kott

плот
tara

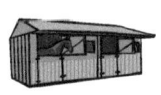

хлеў
tall

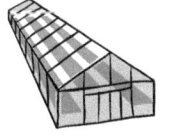

цяпліца
kasvuhoone

глеба
muld

насенне
seeme

угнаенне
väetis

камбайн
kombain

збіраць ураджай

saaki koristama

ураджай

saagikoristus

ямс

jamss

пшаніца

nisu

соя

soja

бульба

kartul

кукуруза

mais

рапс

raps

садовае дрэва

viljapuu

маніёк

maniokk

збожжа

teravili

дом
maja

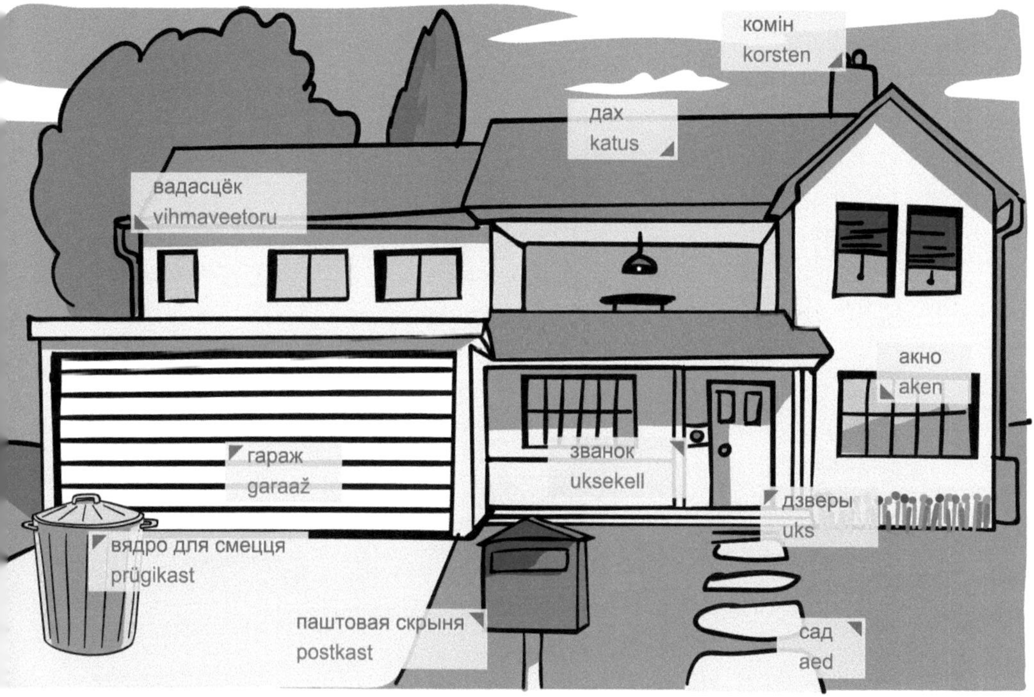
комін
korsten
дах
katus
вадасцёк
vihmaveetoru
акно
aken
гараж
garaaž
званок
uksekell
дзверы
uks
вядро для смецця
prügikast
паштовая скрыня
postkast
сад
aed

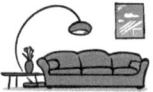

жылы пакой

elutuba

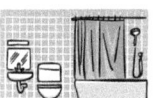

ванная

vannituba

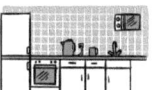

кухня

köök

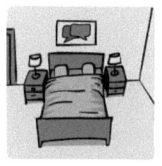

спальны пакой

magamistuba

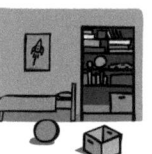

дзіцячы пакой

lastetuba

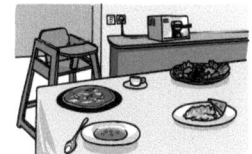

сталоўка

söögituba

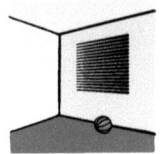

падлога

põrand

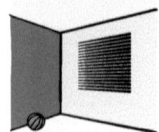

сцяна

sein

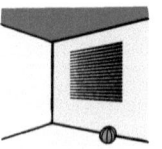

столь

lagi

падвал

kelder

саўна

saun

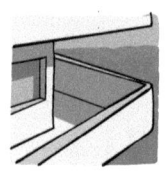

балкон

rõdu

тэраса

terrass

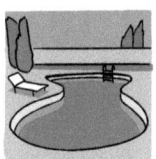

басейн

bassein

касілка

muruniiduk

падкоўдранік

voodilina

коўдра

päevatekk

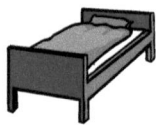

ложак

voodi

венік

luud

вядро

ämber

выключальнік

lüliti

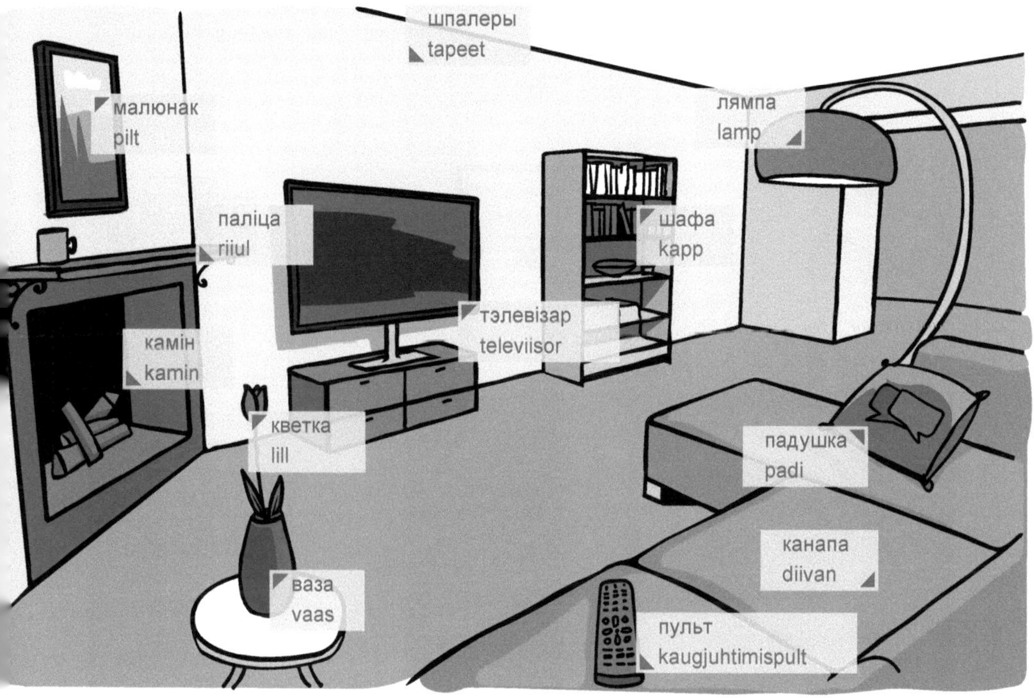

шпалеры
tapeet

малюнак
pilt

лямпа
lamp

паліца
riiul

шафа
kapp

камін
kamin

тэлевізар
televiisor

кветка
lill

падушка
padi

ваза
vaas

канапа
diivan

пульт
kaugjuhtimispult

дыван

vaip

фіранка

kardin

стол

laud

крэсла

tool

крэсла-качалка

kiiktool

крэсла

tugitool

кніга

raamat

коўдра

tekk

дэкарацыя

kaunistus

дровы

küttepuud

кіно

film

стэрэасістэма

helisüsteem

ключ

võti

газета

ajaleht

карціна

maal

постар

plakat

радыё

raadio

нататнік

märkmik

пыласос

tolmuimeja

кактус

kaktus

свечка

küünal

кухня
köök

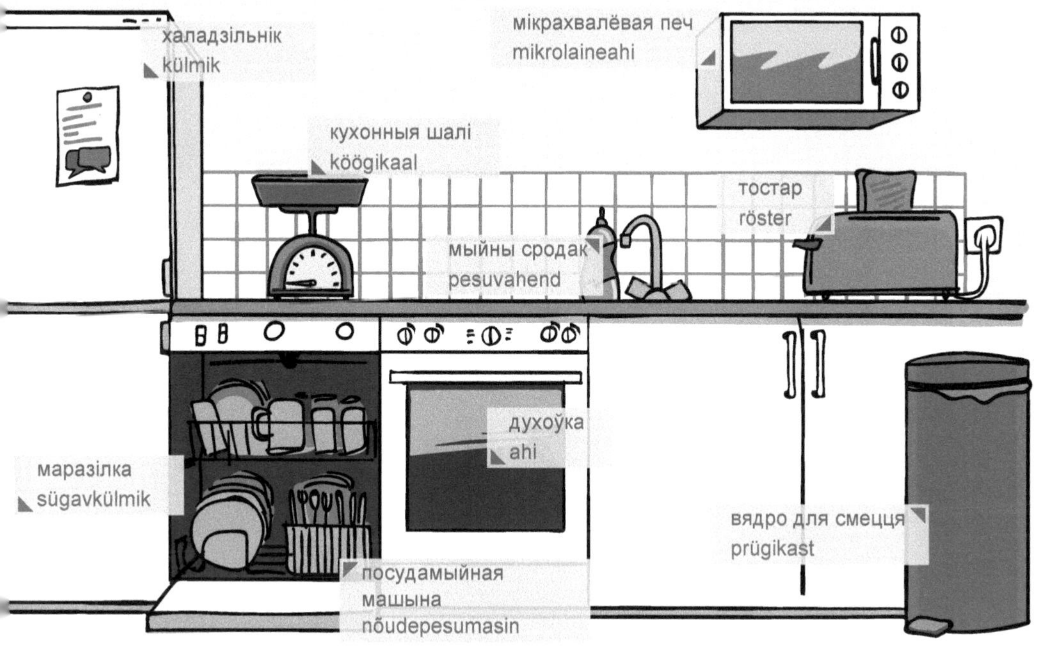
халадзільнік
külmik
мікрахвалёвая печ
mikrolaineahi
кухонныя шалі
köögikaal
тостар
röster
мыйны сродак
pesuvahend
духоўка
ahi
маразілка
sügavkülmik
вядро для смецця
prügikast
посудамыйная машына
nõudepesumasin

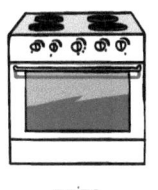

пліта

pliit

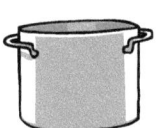

рондаль

pott

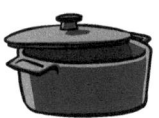

чыгунок

malmpott

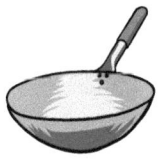

Вок / кадаі

vokkpann

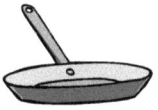

патэльня

pann

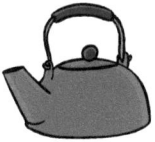

чайнік

veekeetja

параварка

aurutaja

бляха

küpsetusplaat

посуд

lauanõud

кубак

kruus

міска

kauss

палачкі для ежы

söögipulgad

чарпак

kulp

лапатачка

pannilabidas

збівалка

vispel

сіта для варэння

kurn

сіта

sõel

тарка

riiv

ступка

uhmer

грыль

grill

вогнішча

lahtine tuli

дошка

lõikelaud

качалка

tainarull

штопар

korgitser

бляшанка

konservipurk

адкрывалка

konserviavaja

прыхваткі

pajakinnas

ракавіна

kraanikauss

шчотка

hari

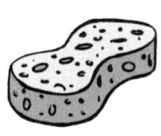

губка

pesukäsn

міксер

kannmikser

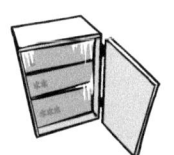

маразільная камера

sügavkülmuti

бутэлечка

lutipudel

вадаправодны кран

segisti

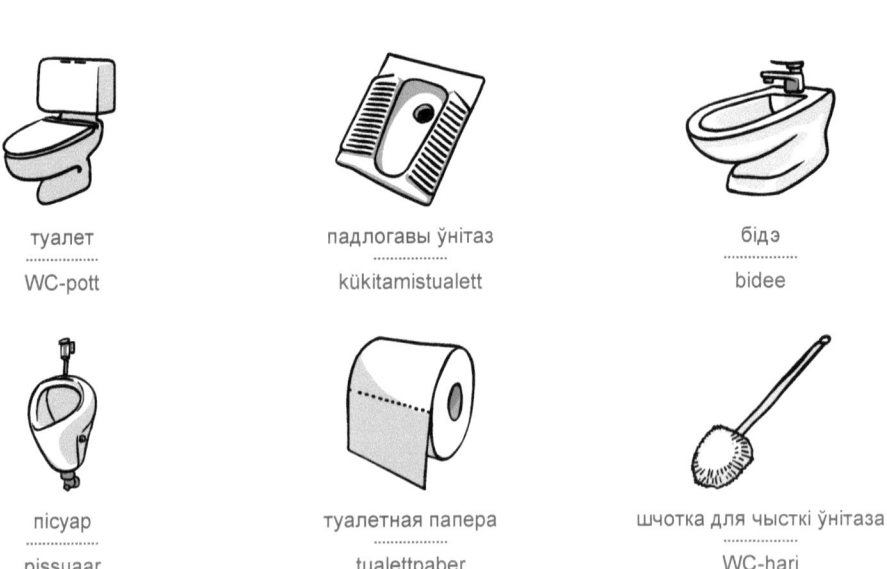

ванная
vannituba

душ
dušš
ручніковы сушыцель
küte
ручнік
käterätik
штора для душа
dušikardin
пенная ванна
mullivann
ванна
vann
шклянка
klaas
мыйная машына
pesumasin
вадаправодны кран
segisti
плітка
plaadid
начны гаршчок
pissipott
ракавіна
kraanikauss

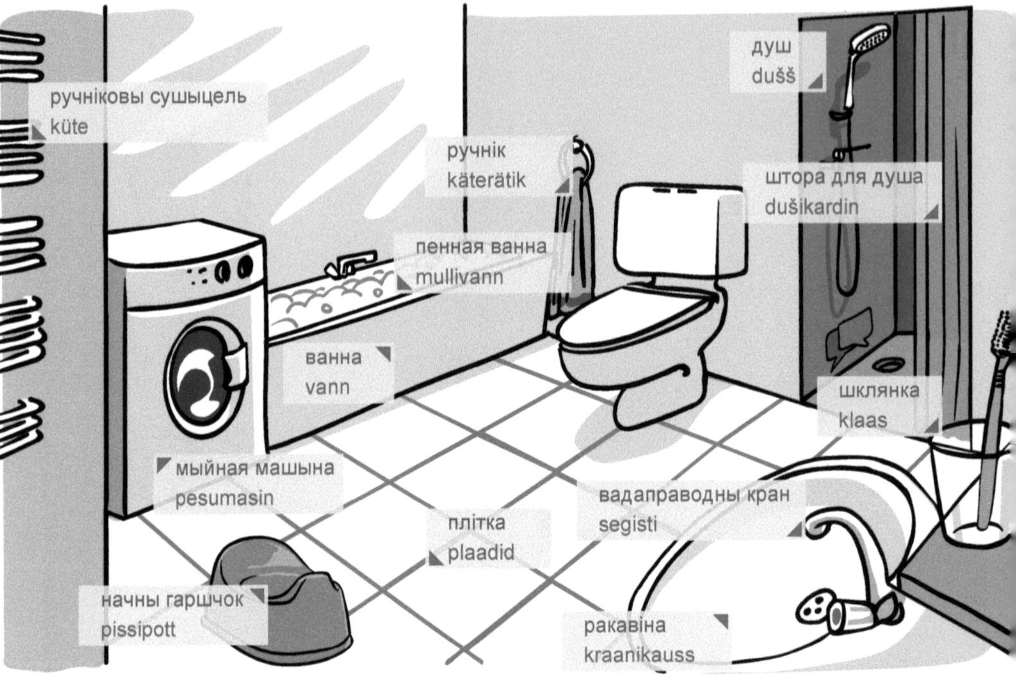

туалет

WC-pott

падлогавы ўнітаз

kükitamistualett

бідэ

bidee

пісуар

pissuaar

туалетная папера

tualettpaber

шчотка для чысткі ўнітаза

WC-hari

зубная шчотка

hambahari

зубная паста

hambapasta

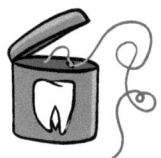

зубная нітка

hambaniit

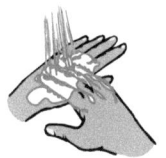

мыць

pesema

ручны душ

käsidušš

інтымны душ

intiimdušš

умывальнік

pesukauss

шчотка для спіны

seljahari

мыла

seep

гель для душа

dušigeel

шампунь

šampoon

вяхотка

vamm

вадасцёк

äravool

крэм

kreem

дэзадарант

deodorant

люстэрка

peegel

касметычнае люстэрка

käsipeegel

станок для галення

habemenuga

пена для галення

raseerimisvaht

ласьён пасля галення

habemevesi

грэбень

kamm

шчотка

hari

фен

föön

лак для валасоў

juukselakk

касметыка

meigikomplekt

памада

huulepulk

лак для пазногцяў

küünelakk

вата

vatt

манікюрныя нажніцы

küünekäärid

духі

parfüüm

касметычка

tualett-tarvete kott

табурэтка

taburet

вагі

kaal

лазневы халат

hommikumantel

санітарныя пальчаткі

kummikindad

тампон

tampoon

гігіенічныя пракладкі

hügieeniside

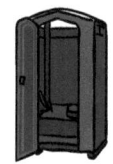

біятуалет

keemiline tualett

дзіцячы пакой

lastetuba

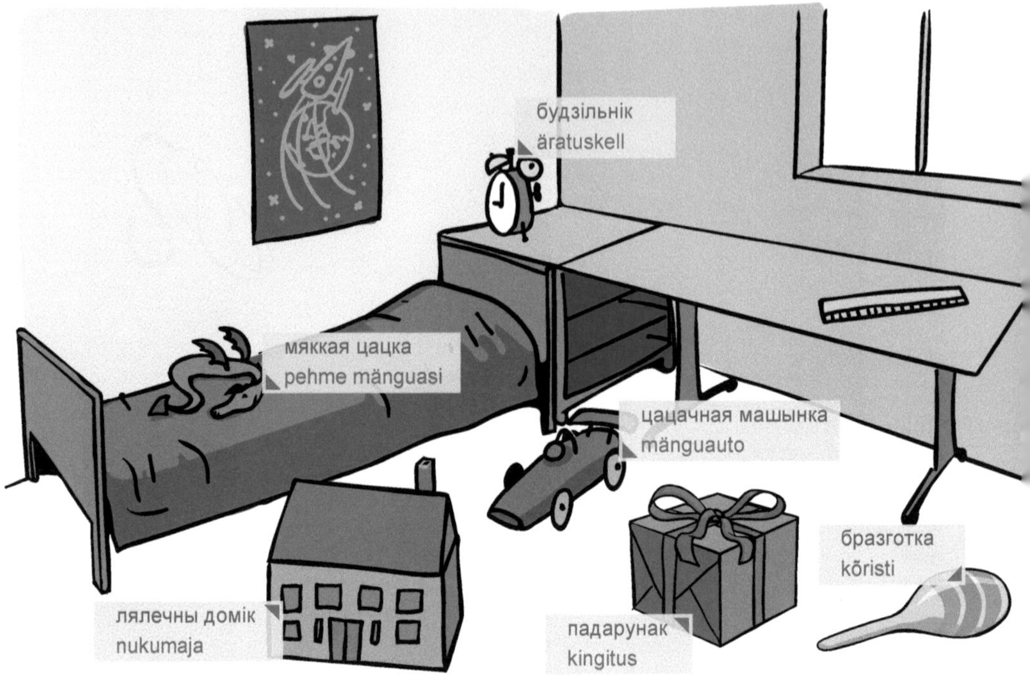
будзільнік
äratuskell
мяккая цацка
pehme mänguasi
цацачная машынка
mänguauto
бразготка
kõristi
лялечны домік
nukumaja
падарунак
kingitus

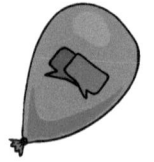

надзіманы шарык

õhupall

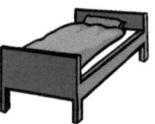

ложак

voodi

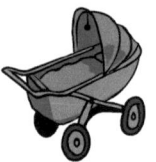

дзіцячая каляска

lapsevanker

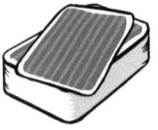

калода картаў

kaardipakk

пазл

pusle

SUPER
MEGA

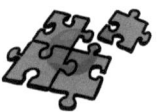

комікс

koomiks

канструктар "Лега"

Lego klotsid

канструктар

klotsid

экшэн-фігурка

kujuke

дзіцячы гарнітур

siputuspüksid

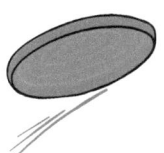

фрызбі

lendav taldrik

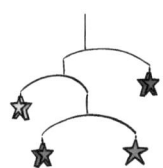

дзіцячы мабіль

voodikarussell

настольная гульня

lauamäng

кубік

täringud

дзіцячая чыгунка

mudelrong

пустышка

lutt

дзіцячае свята

pidu

кніга з малюнкамі

pildiraamat

мячык

pall

лялька

nukk

гуляцца

mängima

пясочніца

liivakast

арэлі

kiik

цацкі

mänguasjad

гульнявая відэа прыстаўка

mängukonsool

трохколавы ровар

kolmerattaline jalgratas

плюшавы мішка

mängukaru

шафа

riidekapp

адзенне

riietus

шкарпэткі

sokid

панчохі

sukad

калготкі

sukkpüksid

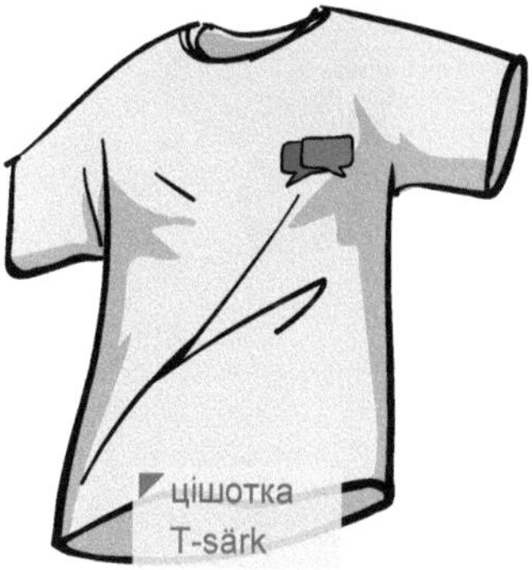

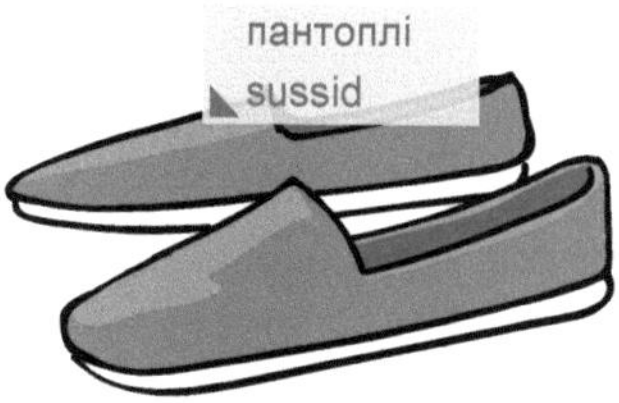

шалік
sall

рамень
vöö

парасон
vihmavari

цішотка
T-särk

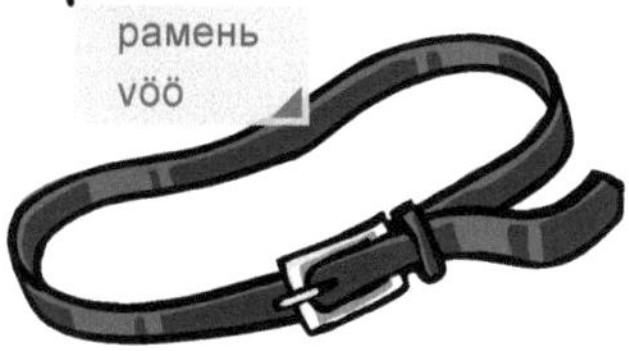

боты
saapad

пантоплі
sussid

красоўкі
tossud

сандалі
....
sandaalid

абутак
....
jalatsid

гумовыя боты
....
kummikud

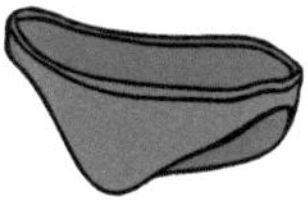

трусы
....
aluspüksid

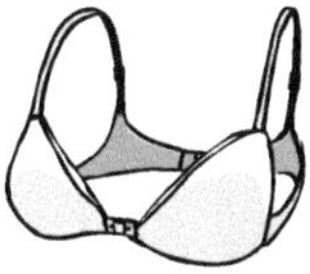

бюстгальтар
....
rinnahoidja

майка
....
vest

бодзі

bodi

штаны

püksid

джынсы

teksapüksid

спадніца

seelik

блузка

pluus

кашуля

särk

джэмпер

sviiter

талстоўка

dressipluus

блэйзер

bleiser

куртка

jakk

паліто

mantel

дажджавік

vihmamantel

касцюм

kostüüm

сукенка

kleit

вясельная сукенка

pulmakleit

касцюм

ülikond

начная сарочка

öösärk

піжама

pidžaama

сары

sari

хустка

pearätt

цюрбан

turban

паранджа

burka

каптан

kaftan

Абая

abayah

купальнік

ujumistrikoo

плаўкі

ujumispüksid

шорты

lühikesed püksid

спартыўны касцюм

dressid

фартух

põll

пальчаткі

kindad

гузік

nööp

акуляры

prillid

бранзалет

käevõru

каралі

kaelakee

кальцо

sõrmus

завушніца

kõrvarõngas

кепка

nokamüts

вешалка

riidepuu

капялюш

kaabu

гальштук

lips

маланка

tõmblukk

шлем

kiiver

падцяжкі

traksid

школьная форма

koolivorm

уніформа

vormirõivad

нагруднік

pudipõll

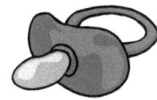

пустышка

lutt

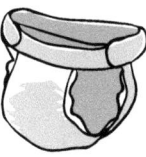

падгузнік

mähe

офіс
kontor

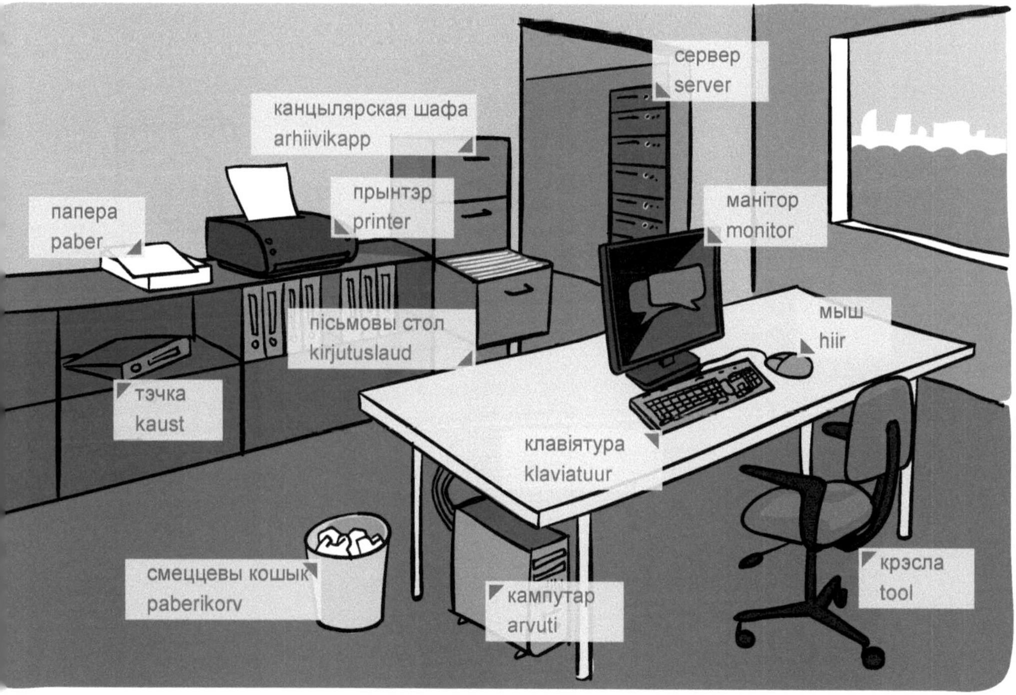

сервер
server

канцылярская шафа
arhiivikapp

прынтэр
printer

манітор
monitor

папера
paber

пісьмовы стол
kirjutuslaud

мыш
hiir

тэчка
kaust

клавіятура
klaviatuur

смеццевы кошык
paberikorv

кампутар
arvuti

крэсла
tool

убак для кавы (філіжанка)

kohvikruus

калькулятар

kalkulaator

інтэрнэт

internet

ноўтбук

sülearvuti

ліст

kiri

паведамленне

sõnum

мабільны тэлефон

mobiiltelefon

сетка

võrk

ксеракс

koopiamasin

праграмнае забеспячэнне

tarkvara

тэлефон

telefon

разетка

pistikupesa

факс

faksimasin

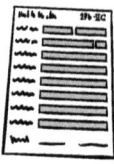

фармуляр

vorm

дакумент

dokument

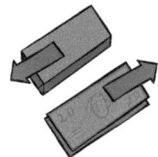

купляць
ostma

плаціць
maksma

гандляваць
vahetama

грошы
raha

USD

долар
dollar

EUR

еўра
euro

JPY

ена
jeen

RUB

рубель
rubla

CHF

франк
Šveitsi frank

CNY

кітайскі юань
renminbi jüaan

INR

рупія
ruupia

банкамат
sularahaautomaat

абменны пункт

valuutavahetuspunkt

золата

kuld

срэбра

hõbe

нафта

nafta

энергія

energia

цана

hind

кантракт

leping

падатак

maks

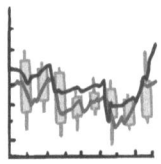

акцыя

aktsia

працаваць

töötama

служачы

töötaja

працадаўца

tööandja

фабрыка

tehas

крама

kauplus

паліцыянт
politseinik

пажарны
tuletõrjuja

кухар
kokk

доктар
arst

пілот
piloot

садоўнік

aednik

слесар

puusepp

швачка

õmbleja

суддзя

kohtunik

хімік

keemik

артыст

näitleja

кіроўца аўтобуса

bussijuht

таксіст

taksojuht

рыбак

kalamees

прыбіральшчыца

koristaja

страхар

katusepaigaldaja

афіцыянт

kelner

паляўнічы

jahimees

мастак

maaler

пекар

pagar

электрык

elektrik

будаўнік

ehitaja

інжынер

insener

мяснік

lihunik

сантэхнік

torumees

паштальён

postiljon

салдат

sõdur

архітэктар

arhitekt

касір

kassapidaja

фларыст

lillemüüja

цырульнік

juuksur

кандуктар

piletikontrolör

механік

mehaanik

капітан

kapten

стаматолаг

hambaarst

вучоны

teadlane

рабін

rabi

імам

imaam

манах

munk

святар

preester

інструменты
tööriistad

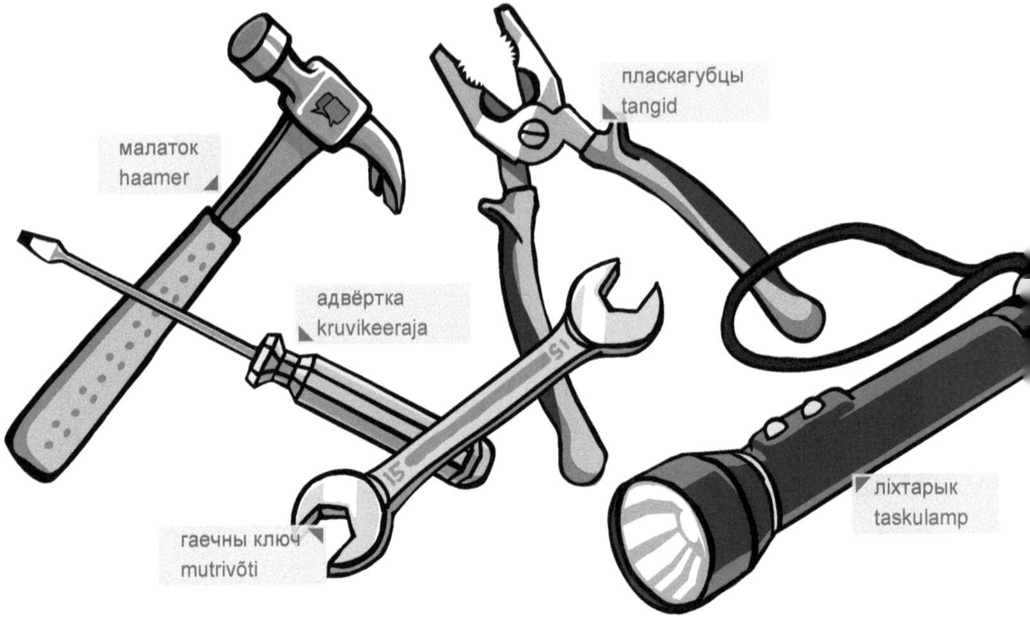
малаток
haamer
пласкагубцы
tangid
адвёртка
kruvikeeraja
гаечны ключ
mutrivõti
ліхтарык
taskulamp

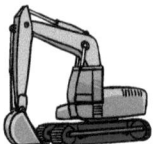

экскаватар

ekskavaator

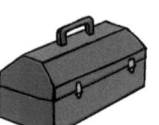

скрыня для інструментаў

tööriistakast

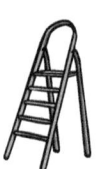

дравіны

redel

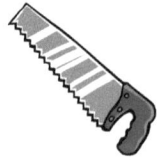

піла

saag

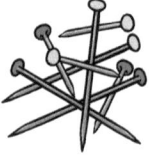

цвікі

naelad

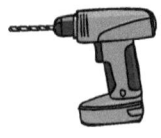

дрыль

trell

рамантаваць

parandama

рыдлеўка

labidas

Халера!

Põrgusse!

шуфлік для смецця

kühvel

вядро з фарбаю

värvipott

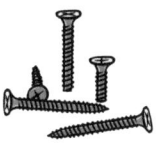

балты

kruvid

музычныя інструменты
pillid

ударны інструмент
trummikomplekt

калонкі
kõlar

гітара
kitarr

кантрабас
kontrabass

труба
trompet

піяніна

klaver

скрыпка

viiul

басгітара

bass

літаўры

timpan

барабан

trummid

клавішны электрамузычны
інструмент

süntesaator

саксафон

saksofon

флейта

flööt

мікрафон

mikrofon

заапарк
loomaaed

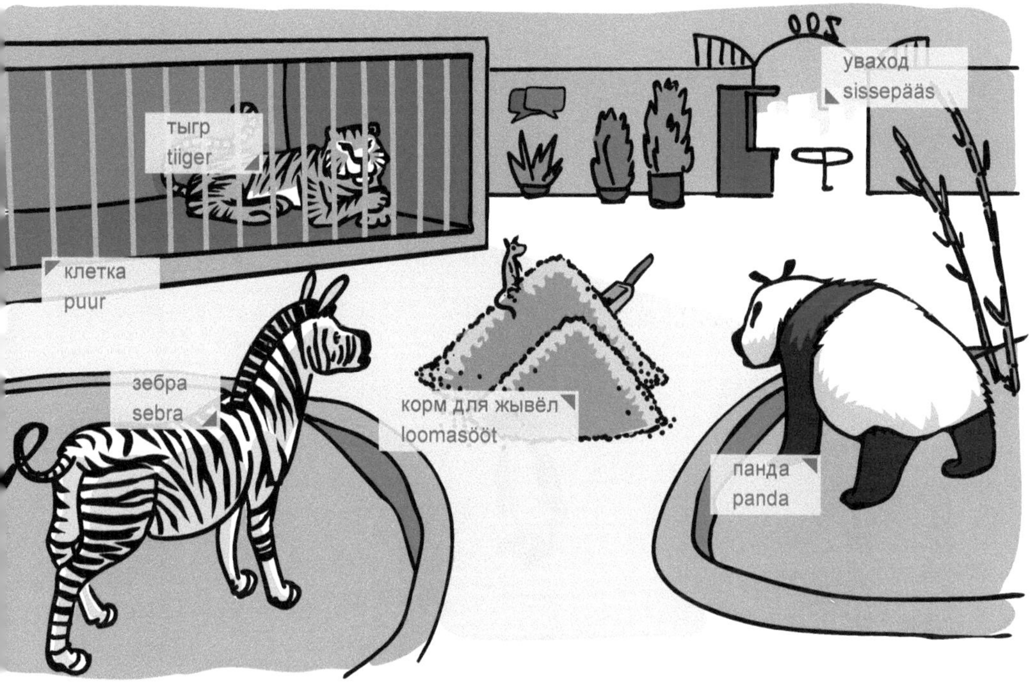

тыгр
tiiger
уваход
sissepääs
клетка
puur
зебра
sebra
корм для жывёл
loomasööt
панда
panda

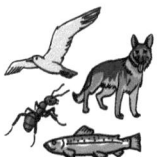

жывёлы

loomad

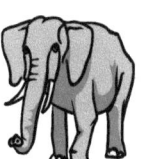

слон

elevant

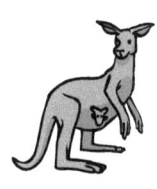

кенгуру

känguru

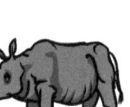

насарог

ninasarvik

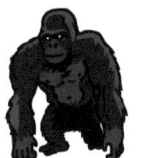

гарыла

gorilla

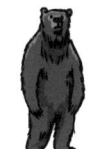

мядзведзь

karu

вярблюд

kaamel

стравус

jaanalind

леў

lõvi

малпа

ahv

фламінга

flamingo

папугай

papagoi

белы мядзведзь

jääkaru

пінгвін

pingviin

акула

hai

паўлін

paabulind

змяя

madu

кракадзіл

krokodill

наглядчык заапарка

loomaaiatalitaja

цюлень

hüljes

ягуар

jaaguar

поні

poni

леапард

leopard

бегемот

jõehobu

жыраф

kaelkirjak

арол

kotkas

дзік

metssiga

рыбак

kala

чарапаха

kilpkonn

морж

morsk

ліса

rebane

газель

gasell

амерыканскі футбол
Ameerika jalgpall

веласпорт
jalgrattasõit

тэніс
tennis

баскетбол
korvpall

плаванне
ujumine

бокс
poksimine

хакей з шайбай
jäähoki

футбол
jalgpall

бадмінтон
sulgpall

лёгкая атлетыка
kergejõustik

гандбол
käsipall

горныя лыжы
suusatamine

пола
polo

скакаць
hüppama

абдымаць
kallistama

смяяцца
naerma

ісці
jalutama

спяваць
laulma

марыць
unistama

маліцца
palvetama

цалаваць
suudlema

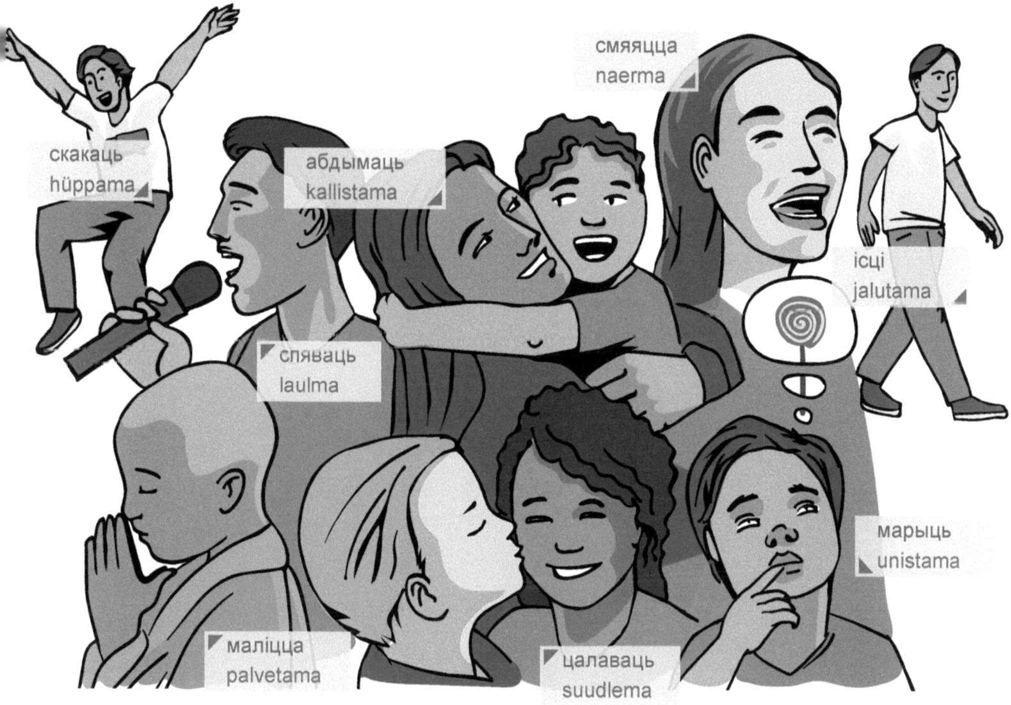

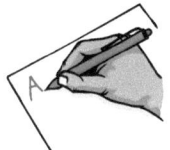

пісаць
kirjutama

маляваць
joonistama

паказваць
näitama

націснуць
lükkama

даваць
andma

браць
võtma

мaць

omama

выконваць

tegema

быць

olema

стаяць

seisma

бегчы

jooksma

цягнуць

tõmbama

кідаць

viskama

падаць

kukkuma

ляжаць

lamama

чакаць

ootama

насіць

kandma

сядзець

istuma

апранацца

riidesse panema

спаць

magama

прачынацца

ärkama

глядзець

vaatama

плакаць

nutma

лашчыць

paitama

прычэсвацца

kammima

гаварыць

rääkima

разумець

aru saama

пытаць

küsima

чуць

kuulama

піць

jooma

есці

sööma

прыбіраць

korrastama

кахаць

armastama

гатаваць

süüa tegema

ехаць

sõitma

лятаць

lendama

плаваць пад ветразем

purjetama

лічыць

arvutama

чытаць

lugema

вучыць

õppima

працаваць

töötama

уступаць у шлюб

abielluma

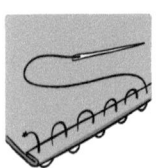

шыць

õmblema

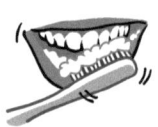

чысціць зубы

hambaid pesema

забіваць

tapma

курыць

suitsetama

пасылаць

saatma

сям'я
perekond

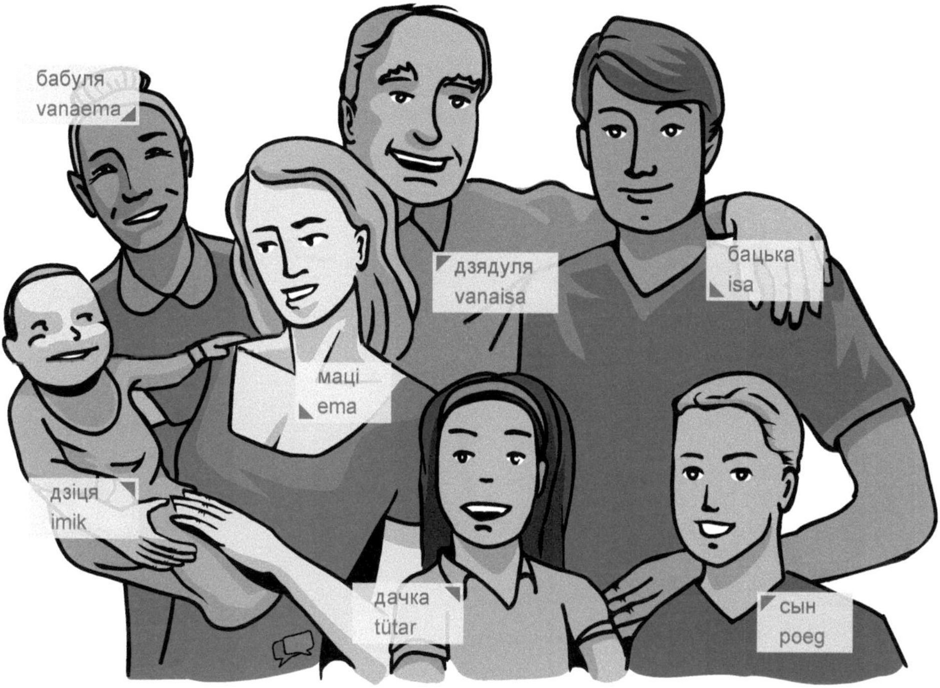

бабуля
vanaema
дзядуля
vanaisa
бацька
isa
маці
ema
дзіця
imik
дачка
tütar
сын
poeg

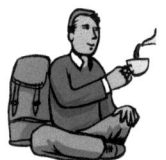

госць

külaline

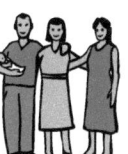

цётка

tädi

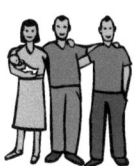

дзядзька

onu

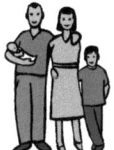

брат

vend

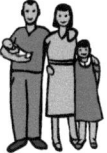

сястра

õde

цела

keha

лоб
otsmik
вока
silm
плячо
õlg
палец
sõrm
твар
nägu
падбародак
lõug
рука
käsi
нага
jalg
грудзі
rind
рука
käsivars

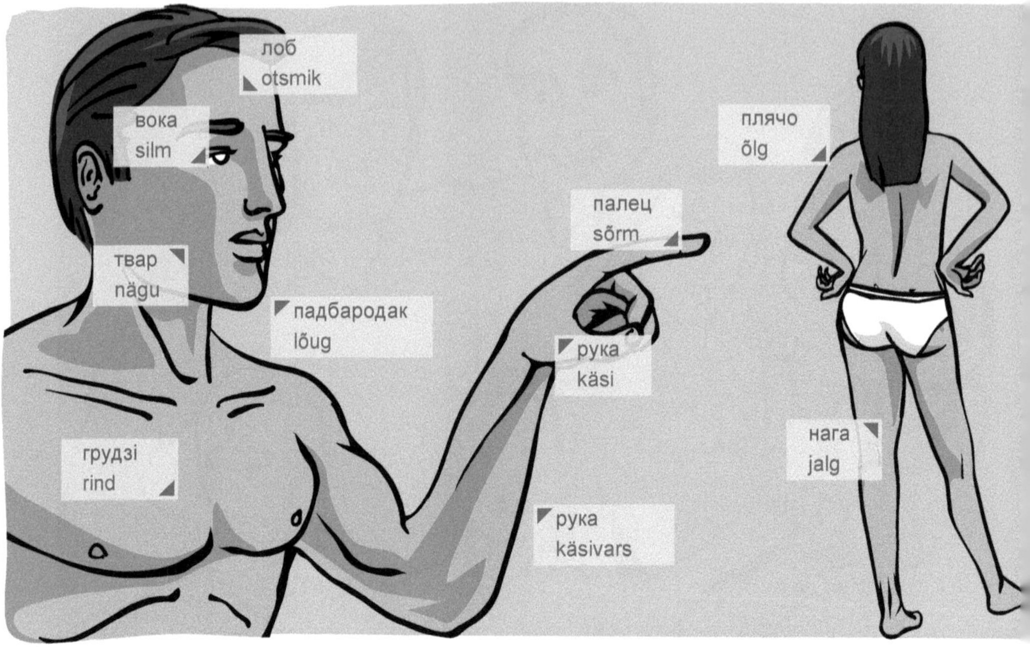

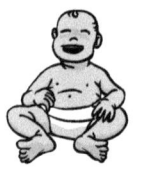

дзіця
imik

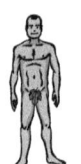

мужчына
mees

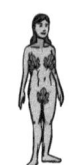

жанчына
naine

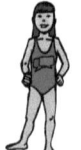

дзяўчынка
tüdruk

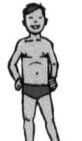

хлопчык
poiss

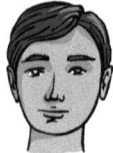

галава
pea

спіна

selg

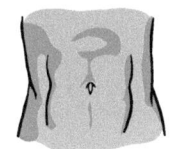

жывот

kõht

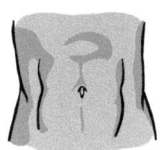

пуп

naba

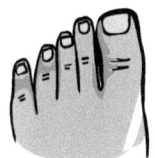

палец нагі

varvas

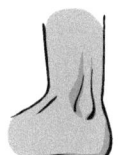

пятка

kand

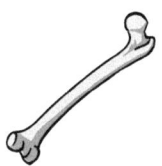

костка

luu

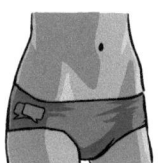

бядро

puus

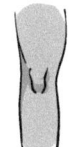

калена

põlv

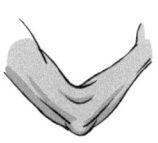

локаць

küünarnukk

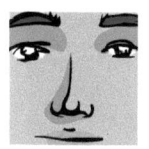

нос

nina

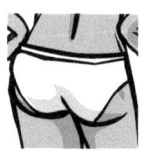

ягадзіца

tagumik

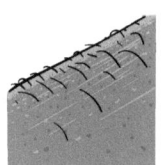

скура

nahk

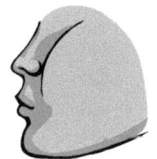

шчака

põsk

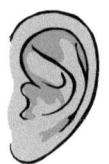

вуха

kõrv

губа

huuled

рот

suu

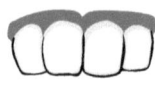

зуб

hammas

язык

keel

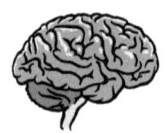

галаўны мозг

aju

сэрца

süda

мышца

lihas

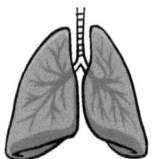

лёгкае

kops

пячонка

maks

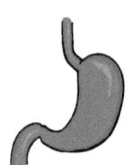

страўнік

magu

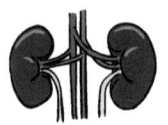

ныркі

neerud

сэкс

seksuaalvahekord

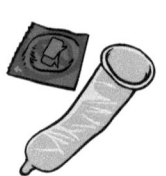

прэзерватыў

kondoom

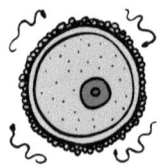

яйцаклетка

munarakk

сперма

sperma

цяжарнасць

rasedus

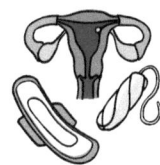

менструацыя

menstruatsioon

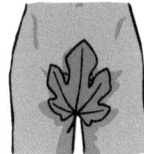

похва

vagiina

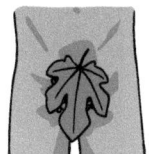

пеніс

peenis

брыво

kulm

валасы

juuksed

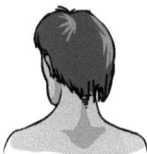

шыя

kael

шпіталь
haigla

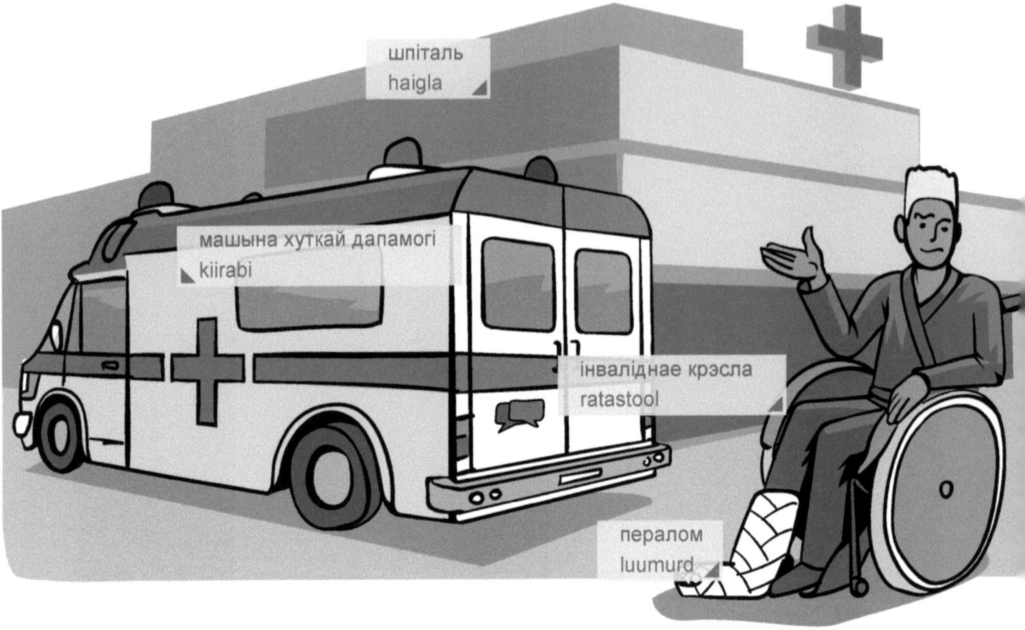

шпіталь
haigla
машына хуткай дапамогі
kiirabi
інваліднае крэсла
ratastool
пералом
luumurd

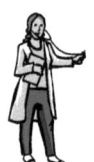

доктар

arst

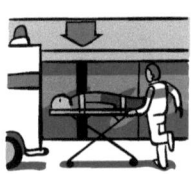

аддзяленне першай дапамогі

traumapunkt

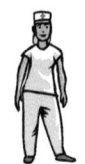

медсястра

meditsiiniõde

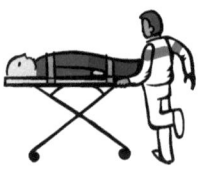

экстраная дапамога

hädaolukord

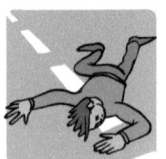

непрытомны

teadvuseta

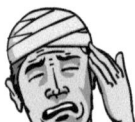

боль

valu

траўма

vigastus

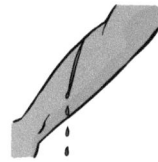

крывацёк

verejooks

інфаркт

südamerabandus

апаплексія

insult

алергія

allergia

кашаль

köha

гарачка

palavik

грып

gripp

панос

kõhulahtisus

галаўны боль

peavalu

рак

vähk

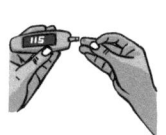

дыябет

diabeet

хірург

kirurg

скальпель

skalpell

аперацыя

operatsioon

КТ
KT

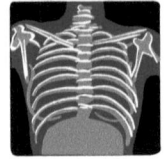

рэнтген
röntgen

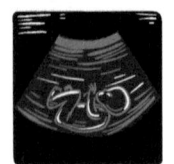

ультрагук
ultraheli

маска
mask

хвароба
haigus

пачакальня
ooteruum

мыліца
kark

пластыр
kips

бінт
side

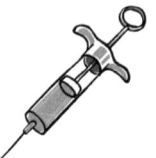

ін'екцыя
süst

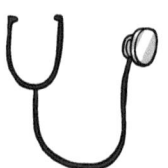

стэтаскоп
stetoskoop

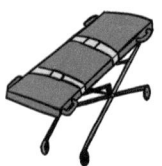

насілкі
kanderaam

градуснік
kraadiklaas

нараджэнне
sünd

лішняя вага
ülekaaluline

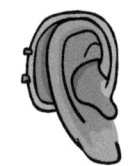

слухавы апарат

kuuldeaparaat

дэзінфекцыйны сродак

desinfektsiooonivahend

інфекцыя

põletik

вірус

viirus

ВІЧ/СНІД

HIV / AIDS

лекі

meditsiin

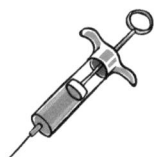

прышчэпка

vaktsineerimine

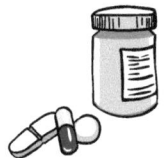

таблеткі

tabletid

супрацьзачаткавая таблетка

pill

экстраны выклік

hädaabikõne

танометр

vererõhuaparaat

хворы / здаровы

haige / terve

Ратуйце!

Appi!

сігналізацыя

häire

напад

kallaletung

атака

rünnak

небяспека

oht

аварыйны выхад

avariiväljapääs

Пажар!

Tulekahju!

вогнетушыцель

tulekustuti

аварыя

õnnetus

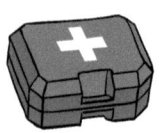

аптэчка

esmaabikomplekt

СОС

SOS

паліцыя

politsei

Еўропа

Euroopa

Паўночная Амерыка

Põhja-Ameerika

Паўднёвая Амерыка

Lõuna-Ameerika

Афрыка

Aafrika

Азія

Aasia

Аўстралія

Austraalia

Атлантычны акіян

Atlandi ookean

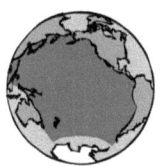

Ціхі акіян

Vaikne ookean

Індыйскі акіян

India ookean

Паўднёвы ледавіты акіян

Lõuna-Jäämeri

Паўночны ледавіты акіян

Põhja-Jäämeri

Паўночны полюс

põhjapoolus

Паўднёвы полюс

lõunapoolus

Антарктыда

Antarktika

Зямля

Maa

краіна

maismaa

мора

meri

востраў

saar

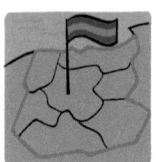

нацыя

rahvus

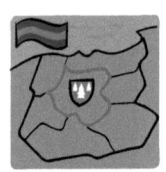

дзяржава

riik

цыферблат

sihverplaat

гадзінная стрэлка

tunniosuti

хвілінная стрэлка

minutiosuti

секундная стрэлка

sekundiosuti

Колькі часу?

Mis kell on?

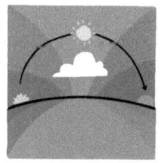

дзень

päev

час

aeg

зараз

praegu

электронны гадзіннік

digitaalne kell

хвіліна

minut

гадзіна

tund

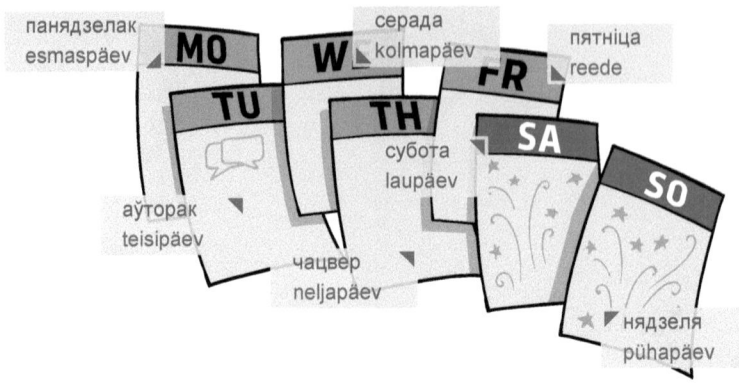

панядзелак
esmaspäev

серада
kolmapäev

пятніца
reede

аўторак
teisipäev

субота
laupäev

чацвер
neljapäev

нядзеля
pühapäev

ўчора

eile

сёння

täna

заўтра

homme

раніца

hommik

абед

lõuna

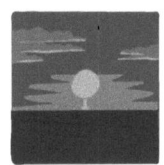

вечар

õhtu

працоўныя дні

tööpäevad

выхадныя

nädalavahetus

год

aasta

дождж
vihm
вясёлка
vikerkaar
вецер
tuul
снег
lumi
вясна
kevad
восень
sügis
лета
suvi
зіма
talv

4.APRIL 11°
5.APRIL 4°
6.APRIL 13°
7.APRIL 8°
8.APRIL 10°

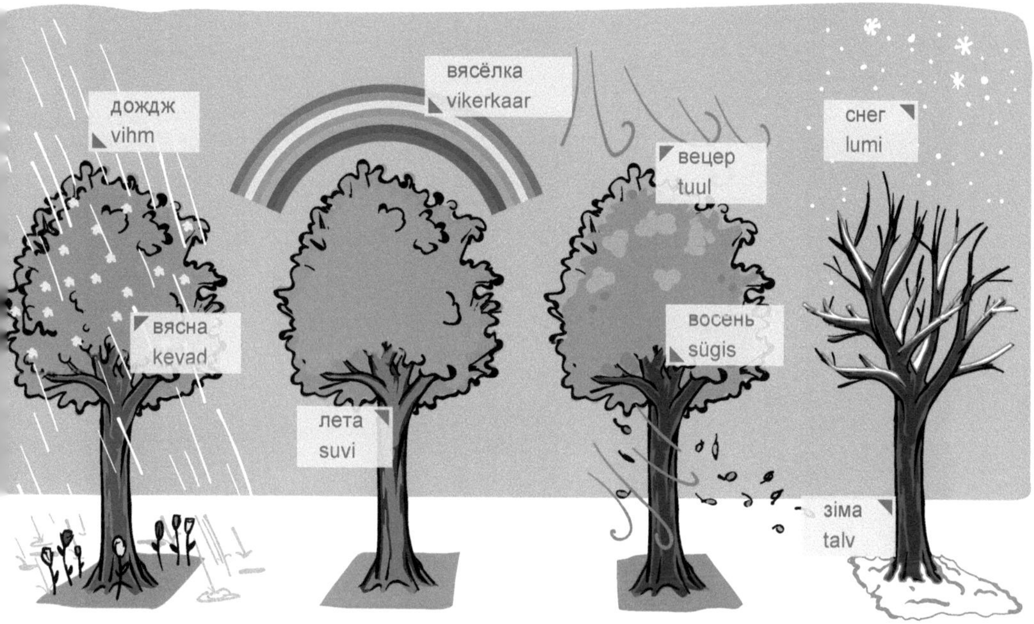

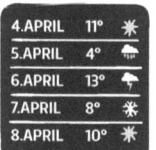

прагноз надвор'я
ilmaennustus

F C
120 40
90 30
60 20
30 10
0 0
-30 -10
-20

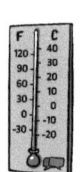

градуснік
termomeeter

сонечнае святло
päikesepaiste

воблака
pilv

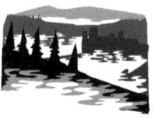

туман
udu

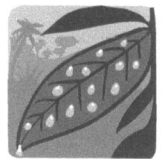

вільготнасць паветра
niiskus

маланка

pikne

гром

kõu

бура

torm

град

rahe

мусонны вецер

mussoon

прыліў

üleujutus

лёд

jää

студзень

jaanuar

люты

veebruar

сакавік

märts

красавік

aprill

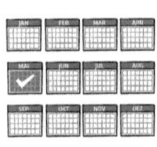

май

mai

чэрвень

juuni

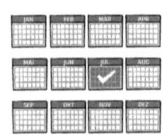

ліпень

juuli

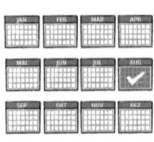

жнівень

august

год - aasta

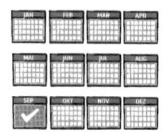

верасень
....
september

кастрычнік
....
oktoober

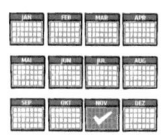

лістапад
....
november

снежань
....
detsember

формы
kujundid

круг
....
ring

квадрат
....
ruut

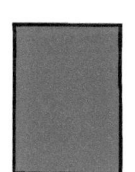

прамавугольнік
....
nelinurk

трохвугольнік
....
kolmnurk

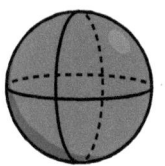

шар
....
kera

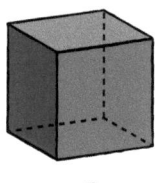

куб
....
kuup

белы

valge

жоўты

kollane

аранжавы

oranž

ружовы

roosa

чырвоны

punane

фіялетавы

lilla

сіні

sinine

зялёны

roheline

карычневы

pruun

шэры

hall

чорны

must

шмат / мала

palju / vähe

злы / добры

vihane / rahulik

прыгожы / брыдкі

ilus / inetu

пачатак / канец

algus / lõpp

высокі / малы

suur / väike

светлы / цёмны

hele / tume

сястра / брат

vend / õde

чысты / брудны

puhas / must

поўны / няпоўны

täielik / puudulik

дзень / ноч

päev / öö

мёртвы / жывы

surnud / elus

шырокі / вузкі

lai / kitsas

ядомы / неядомы

söödav / mittesöödav

злы / добры

kuri / sõbralik

узбуджаны / нудны

põnevil / tüdinud

тоўсты / тонкі

paks / peenike

першы / апошні

esimene / viimane

сябар / вораг

sõber / vaenlane

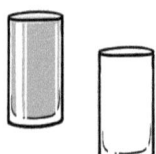

поўны / пусты

täis / tühi

цвёрды / мяккі

kõva / pehme

важкі / лёгкі

raske / kerge

голад / смага

nälg / janu

хворы / здаровы

haige / terve

нелегальны / легальны

ebaseaduslik / seaduslik

разумны / дурны

tark / rumal

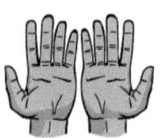

левы / правы

vasak / parem

побач / далёка

lähedal / kaugel

новы / былы ва ўжыванні

uus / kasutatud

нічога / нешта

mitte midagi / midagi

стары / малады

vana / noor

укл / выкл

sees / väljas

адчынены / зачынены

lahti / kinni

ціхі / гучны

vaikne / vali

багаты / бедны

rikas / vaene

правільна / няправільна

õige / vale

шурпаты / гладкі

kare / sile

сумны / шчаслівы

kurb / rõõmus

кароткі / доўгі

lühike / pikk

павольны / хуткі

aeglane / kiire

вільготны / сухі

märg / kuiv

цёплы / халаднаваты

soe / jahe

вайна / мір

sõda / rahu

0

нуль

null

1

адзін

üks

2

два

kaks

3

тры

kolm

4

чатыры

neli

5

пяць

viis

6

шэсць

kuus

7

сем

seitse

8

восем

kaheksa

9

дзевяць

üheksa

10

дзесяць

kümme

11

адзінаццаць

üksteist

12

дванаццаць

kaksteist

13

трынаццаць

kolmteist

14

чатырнаццаць

neliteist

15

пятнаццаць

viisteist

16

шаснаццаць

kuusteist

17

сямнаццаць

seitseteist

18

васямнаццаць

kaheksateist

19

дзевятнаццаць

üheksateist

20

дваццаць

kakskümmend

100

сто

sada

1.000

тысяча

tuhat

1.000.000

мільён

miljon

англійская

inglise

англійская (Амерыка)

Ameerika inglise

кітайская мандарынская

mandariini

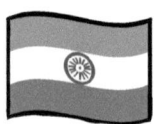

хіндзі

hindi

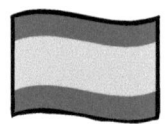

іспанская

hispaania

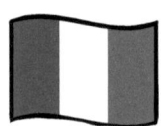

французская

prantsuse

арабская

araabia

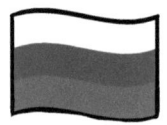

руская

vene

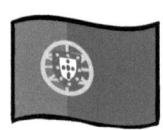

партугальская

portugali

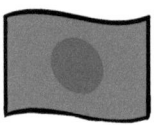

бенгальская

bengali

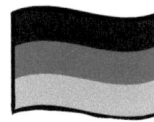

нямецкая

saksa

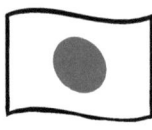

японская

jaapani

я

mina

ты

sina

ён / яна / яно

tema

мы

meie

вы

teie

яны

nemad

хто?

kes?

што?

mis?

як?

kuidas?

дзе?

kus?

калі?

millal?

імя

nimi

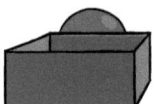

за
....
taga

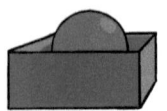

у
....
sees

перад
....
ees

над
....
kohal

на
....
peal

пад
....
all

каля
....
kõrval

паміж
....
vahel

месца
....
koht